JN182844

こころも
からだも
きれいになる

やさしい精進料理

西川玄房

淡交社

こころも からだも きれいになる やさしい精進料理

目次

はじめに 4

春

菜の花の雪割り 8
菜の花のうす炊き 11
菜の花のしょうが和え 11
ふきのしのだ巻き 12
ふきと厚揚げのごま味噌炒め煮 13
うどとはっさくの甘酢 14
うど皮と生しいたけのきんぴら 15
たけのこひりょうず 16
たけのこの酒かす煮 19
たけのことえんどう豆の白酢和え 19
新キャベツのからし和え 20
キャベツのごま酢和え 21
えんどう豆の葛寄せ 23
たたきわらびの酢の物 24
アスパラの松の実和え 24
しじみ豆腐 24
ほうれん草の炒り豆腐したし 26
新じゃがのそぼろ煮 29
長芋豆腐のとろろかけ 30
長芋のたたき 二種 31
さくら豆腐 32
よもぎの草だんご 33
コラム 東林院の沙羅双樹 34

夏

雷豆腐 36
はす豆腐 38
岩石豆腐 39
しぎ焼きなすのごま汁 41
なすの揚げびたし 42
焼きなすの寒天寄せ 43
たたききゅうりの彩り漬け 44
きゅうりのごま酢和え 44
そうめんのとろろきゅうりかけ 44
紅ずいきと枝豆の甘酢和え 46
ずいきと生姜のごま味噌和え 47
たたきオクラと長芋の酢の物 48
冷やしうどんの青とろかけ 51
枝豆の板焼き 51
とうがんの味噌でんがく 52
とうがんのカレーあんかけ 54
オクラとトマトと厚揚げの葛とじ 55
かぼちゃのごま味噌和え 56
蒸しかぼちゃの五目あんかけ 57
コラム 万能調味料・味噌 58

だし汁について 110
妙心寺 東林院 111

秋

けんちん汁 • 60
小松菜の炒め和え • 62
きのこにゅうめん • 62
れんこん蒸し • 65
れんこんのすり揚げ • 65
ぎんなんの磯香焼 • 66
のり蒸し • 66
みつ葉ののり酢和え • 66
りんごとさつま芋のみぞれ煮 • 69
さつま芋のあめ炊き • 69
芋皮のきんぴら • 70
里芋まんじゅうの揚げだし • 71
里芋の柚子味噌和え • 72
しめじの酒蒸しとろろ • 74
しめじの煮びたし • 75
豆腐ステーキ • 76
ひりょうずの含め煮 • 79
五目入りぎせい豆腐 • 79
とうふのしのだ煮 • 80
コラム 大根の利用法 82

冬

うずみ豆腐 • 84
豆腐のかぶら蒸し • 85
かぶらの五目あんかけ • 86
かぶらの味噌でんがく • 88
かぶらの葉のからし味噌あえ • 88
小かぶの炒り炊き • 88
揚げ豆腐の蒸しあんかけ • 91
九条ねぎの炒り豆腐 • 91
白菜のもみじ和え • 92
白菜巻き • 93
蒸しりんごとほうれん草のごま和え • 94
揚げ昆布とほうれん草のしたし • 97
菊菜のみぞれ和え • 97
炒めなます • 98
大根のねぎ味噌でんがく • 98
油揚げのみぞれ煮 • 100
大根の皮のきんぴら • 100
大根の葉の佃煮 • 100
大根のごま味噌煮 • 102
干し大根の京味噌仕立て • 103
干し大根のいなり巻き • 104
みず菜のピーナッツクリームかけ • 106
みず菜のハリハリがゆ • 107
七草がゆ • 108
小豆がゆ • 108

はじめに

西川　玄房

〝精進料理〟と聞くと、「健康にはよさそうだけど、あまりなじみがないし、むずかしそう」とお感じになる方も多いと思います。

精進料理はもともと禅寺の修行僧が食べていた一汁一菜の簡素な食事で、鎌倉時代に中国から伝えられ、〝食も修行のうち〟という禅の精神から、禅宗寺院の食事法として取り入れられたものです。とくに京都は妙心寺をはじめとして禅宗寺院が多く、年中の法要や諸大名の帰依も多かったことから、その法要供応のために一層工夫され、みがきぬかれて今にいたっています。

肉や魚をつかわない料理は世界中にありますが、それらがすべて精進料理というわけではありません。野菜や果物も生命あるものとして大切にし、思いやりのこころをもって無駄のないように生かし、旬の素朴な材料をつかって天然のすがたかたち、味、色などを活用するのが精進料理です。そこから季節をたいせつにするこころ、材料の持ち味を生かすこころが生まれ、自然のいとなみとめぐみに感謝するこころが生まれてきます。

旬の野菜は栄養価も高く価格も手ごろです。今では冬にきゅうり、夏にかぶを見かけることがあたりまえになりつつありますが、高価な材料をつかったもの、季節はずれの珍しいものなどは精進料理ではつかいません。ほんとうは安い旬の新鮮な野菜をつかった料理がいちばんぜいたくなのです。

また素材を生かして無駄をしないということもたいせつです。そのためには素材にあまり手を加えずに調味も淡白をこころがけます。だし汁についても、だしをとるためだけに材料をつかうのではなく、材料に手間をかけたときにだしが生まれるのです。本書でいわゆる昆布だしのことを昆布の湯炊き汁というのもそうした考えからです。野菜の切れはしを利用した〝けんちん汁〟や〝大根の皮のきんぴら〟などは無駄をせずに材料を生かす、精進料理の代表的な一品といえましょう。

一方、精進料理では食べる人のこころも大切です。料理をつくった人のこころを思い、みずからが正しく生きるための生命の糧をいただくのだとして、決しておろそかにしてはいけないのです。感謝と反省をこめてしずかに合掌していただきたいものです。

作り手、食べ手がお互いに思いやり、ものを生かすというこころを持てば、殺伐とした現代社会に明るさやうるおいが生まれてきます。そうした精進料理のこころを広めようと、東林院で精進料理教室をはじめて一五年あまりになりました。本書ではその数多いレシピのなかから、おいしくてかんたんにつくれるものを選んでご紹介しています。手近な旬の素材の持つおいしさを再発見していただき、親切ていねい、思いやりをもって自然のいとなみとめぐみに感謝し、それを生かすという精進料理のこころにふれていただければと思います。

合掌

• 本書で使用している計量スプーンは、大さじ 15mℓ、小さじ 5mℓです。(※ 1 mℓは 1 cc)
• 本文の材料表の E はおよそ 1 人分のエネルギーを示します。
• 油揚げは 1 枚がおよそ 40 ～ 50g、豆腐は 1 丁およそ 500g のものを使用しています。
• 材料表の「昆布の湯炊き汁」「しいたけの湯炊き汁」のつくり方は、110 頁に記載しています。

写　真　横山智隆
器 協 力　ギャラリーKAI
http://gallerykai.com
栄養計算　寺庵　浅尾昌美
デザイン　堀内仁美

春

菜の花
ふき
うど
はっさく
たけのこ
えんどう豆
新キャベツ
わらび
きぬさや
ほうれん草
新じゃが
よもぎ

春はいのちが芽吹く季節。
そのいのちをいただくのですから
親切ていねいに無駄のないように
持ち味を生かすようこころがけます。
春は自然のいとなみとめぐみにたいして
よりいっそう感謝する季節でもあります。

菜の花の雪割り

春の残雪の間から顔をだした菜の花の風情。
淡い風味の長芋に菜の花のほろ苦さが
アクセントになります。

❶ 菜の花は軸を除き、塩水で軽くゆでて水にさらして絞り水気を切る。

❷ ①を昆布の湯炊き汁・うす口しょうゆ・みりん・塩をあわせた漬け汁に漬ける。

❸ 長芋は乱切りにしてビニール袋に入れ、すりこぎなどで細かくたたきつぶす。

❹ ②を絞り、その汁に練りからしをのばして和え、器に盛った菜の花と長芋にかける。

材料（4人分）

菜の花…200g
長芋…200g
昆布の湯炊き汁…300cc
うす口しょうゆ…大さじ3
みりん…大さじ1
塩…適量
練りからし…適量
E 50kcal

菜の花のうす炊き

菜の花の香りを薄味でそのまま味わいます。
手早く冷ましてあざやかな色を
生かすのがポイントです。

❶ 沸騰した湯に塩ひとつまみを加え、菜の花を手早くゆがき、冷水にあげ、10分ほど水にさらしてアク抜きをし、長さ3cmほどに切って軽く絞る。

❷ 水・昆布の湯炊き汁・うす口しょうゆ・みりんをあわせて火にかけて味を調え、①を加えてサッと煮て冷まし、味を含ませる。

材料（4人分）
菜の花…160g
水…100cc
昆布の湯炊き汁…50cc
うす口しょうゆ…大さじ1
みりん…小さじ1
E 20kcal

菜の花のしょうが和え

とてもシンプルな料理ですが、
菜の花としいたけの旨みを
じゅうぶん味わうことができます。

「菜の花のうす炊き」と同様に菜の花をゆがいてアク抜きをし、長さ3cmほどに切って軽く絞る。

生しいたけをゆがき、かさは千切り、軸は輪切りにする。

しょうがの皮をスプーンなどでそぎ取ってからすりおろし、うす口しょうゆを加えて和え汁をつくる。

①と②を③で和え、器に盛り、いりごまを指でひねって散らす。

材料（4人分）
菜の花…160g
生しいたけ…4枚
しょうが…1かけ
うす口しょうゆ…大さじ1
いりごま…適量
E 21kcal

ふきのしのだ巻き

やわらかな油揚げと歯ごたえのあるふき。
油揚げの表裏を返すことで
見た目も楽しくなります。

❶
ふきは塩ひとつまみを入れた熱湯で軽くゆがき、水にさらして皮をむく。

❷
油揚げは、すりこぎなどを2～3度ころがして中身をはがし、開いて縦半分に切る。

❸
油揚げは表と裏を使い、ふきを芯にしてのり巻きのように巻き、あとで4つに切るときに、結び目が中心にくるように昆布で結ぶ。

❹
水・しいたけの湯炊き汁・うす口しょうゆ・砂糖・みりんを合わせて煮立て、③を入れて弱火で15分ほど煮てそのまま冷まし、味を含ませる。

❺
④を4等分して油揚げの表裏をセットにして盛り付ける。

材料（4人分）

ふき…200g
油揚げ…2枚
昆布（幅5mm・長さ20cmほどのものを水で戻す）…16本

水…300cc
しいたけの湯炊き汁…100cc
うす口しょうゆ…大さじ3
砂糖…大さじ2½
みりん…小さじ1
E 94kcal

ふきと厚揚げのごま味噌炒め煮

ふきはシャキシャキした食感と香りが持ち味。ゆですぎないことがたいせつです。

❶ ふきは塩ひとつまみを入れた熱湯で軽くゆがき、水にさらして皮をむき、長さ4cmに切る。厚揚げは一口大に切る。

❷ いりごまをすり鉢で油がでてくるくらいまでよくすり、赤味噌・砂糖・酒を入れて溶かす。

❸ フライパンにサラダ油を熱し、ふきを炒め、輪切りにしたタカの爪と厚揚げを加えて軽く炒め、②を入れて静かにまぜながら炒り煮する。

材料（4人分）

ふき…100g
厚揚げ…4枚
いりごま…大さじ2
赤味噌…50g
砂糖…大さじ1
酒…大さじ2
タカの爪…適量
サラダ油…適量

E 262kcal

うどとはっさくの甘酢

はっさくのほかにも、
柑橘類ならなんでも応用できる、
さわやかな一品です。

❶ うどの皮をむき、長さ3〜4cm、幅5mmほどの拍子切りにし、酢水（分量外）に10分ほどさらしてアク抜きをする。むいた皮はきんぴら（次頁）に利用する。

❷ はっさくはうす皮をむき、手で食べやすい大きさにほぐす。

❸ ①の水を切り、②と混ぜ合わせて器に盛り、酢・昆布の湯炊き汁・砂糖・塩を合わせた甘酢をかけ、ゆがいて小口切りしたみつ葉を散らす。

材料（4人分）

うど…150g
はっさく…1個
軸みつ葉…適量

酢…大さじ2
昆布の湯炊き汁…大さじ1
砂糖…大さじ1
塩…少々

E 32kcal

うど皮と生しいたけのきんぴら

材料を残らず使い切るのが精進料理の基本。
残りの皮も無駄なく、おいしく利用します。

❶ うどの皮を4cm長さの千切りにし、10分ほど水にさらして水切りする。

❷ しいたけの石づきを落として軸を切り、軸は手で細かく割き、かさは千切りにする。

❸ フライパンにサラダ油を熱し、①としいたけの軸を炒め、しんなりしたらしいたけのかさとタカの爪を加え、うす口しょうゆ・みりん・酒で味を調え、弱火で汁気がなくなるまで混ぜながら炒り煮する。

材料（4人分）
うどをむいた残りの皮…適量
生しいたけ…4枚
うす口しょうゆ…大さじ1
みりん…大さじ1
酒…適量
サラダ油…適量
タカの爪…適量

E 38kcal

たけのこひりょうず

たけのこのかたく筋ばった部分を利用する料理です。豆腐と合わせることで新鮮な食感が生まれます。

❶ たけのこを千切りにして、水・昆布の湯炊き汁・うす口しょうゆ・みりんを合わせた吸い地で5～6分煮含め、汁ごと冷まし、汁切りする。

❷ もめん豆腐は水切りしてすり鉢ですり、すりおろした大和芋をいれてさらに混ぜ合わせる。

❸ ①を②に加え、八等分して平らにまとめる。三杯酢の材料をあわせ味を調えておく。

❹ 揚げ油を150度ほどに熱し、③をこんがりと中まで火が通るまで揚げて器に盛り、三杯酢を添える。

材料（4人分）

ゆでたたけのこの根元の部分…100g

もめん豆腐…500g

大和芋…50g

三杯酢

- 酢…大さじ1/2
- うす口しょうゆ…大さじ1
- 昆布の湯炊き汁…大さじ2
- 砂糖…大さじ2
- みりん…大さじ1/2

水…100cc

昆布の湯炊き汁…50cc

うす口しょうゆ…大さじ1

みりん…小さじ1

揚げ油…適量

E 161kcal

※たけのこのゆで方

たけのこに縦目に包丁を入れ、皮をむく。たけのこを丸のままなべに入れ、かくれるくらいの水を張り、たけのこの分量の1割ほどの米ぬかを加え、途中で水を足しながら2時間ほどゆで、そのまま冷ます。

たけのこの酒かす煮

やわらかで淡白なたけのこも、
酒かすで煮ることでコクのある一品になります。
木の芽でさらに香りを加えます。

❶ たけのこは厚さ1cmほどの大きめに切る。

❷ 酒かすを水と昆布の湯炊き汁で溶かし、うす口しょうゆ・塩・みりんで味を調え、①を入れて弱火で20分ほど煮て器に盛り、木の芽をかざる。

材料（4人分）

- ゆでたたけのこ…400g
- 酒かす…150g
- 木の芽…12～13枚
- 水…300cc
- 昆布の湯炊き汁…200cc
- うす口しょうゆ…大さじ1
- 塩…小さじ1
- みりん…少々

E 119kcal

たけのことえんどう豆の白酢和え

春を代表する野菜をさっぱりといただきます。
白酢が野菜の甘みの引き立て役になります。

❶ たけのこは長さ3cm、幅5mmほどに切る。

❷ もめん豆腐はふきんにはさんでかるく重しをして、水切りする。

❸ いりごまをすり鉢で油がでてくるまでよくすり、かたく絞ったもめん豆腐をいれ、さらにすり混ぜる。

❹ 砂糖・酢・塩で味を調え、食べる直前に①とゆでた実えんどうを和えて器に盛り、黒いりごまを散らす。

材料（4人分）

- ゆでたたけのこ…100g
- ゆでた実えんどう…100g
- もめん豆腐…100g
- いりごま…大さじ2
- 黒いりごま…適量
- 砂糖…大さじ2
- 酢…大さじ1
- 塩…適量

E 183kcal

新キャベツのからし和え

新キャベツの甘さ、やわらかさを生かした
シンプルな料理ですが、
味に深みがあるのは旬の力があるから。

❶ 新キャベツをビニール袋に入れ、袋のまま蒸し器で蒸して冷やし、3～4cmの千切りにする。

❷ いりごまをすり鉢ですり、練りからし、うす口しょうゆで好みの味に調え、食べる直前に①と和える。

材料（4人分）
新キャベツ…200g
練りからし…適量
うす口しょうゆ…適量
いりごま…適量
E 35kcal

キャベツのごま酢和え

ごま酢と和えるのは食べる直前に。
時間がたつと味も色合いも
悪くなってしまいます。

❶ キャベツは塩ひとつまみを入れた熱湯でさっとゆがいて冷まし、長さ3cmほどの千切りにする。

❷ にんじんは長さ3cmほどの千切りにしてゆがく。

❸ いりごまをすり鉢ですり、うす口しょうゆ・酢・みりんで味を調えてから①と②を和え、器に盛って針しょうがをかざる。

材料（4人分）

キャベツ…200g
にんじん…20g
いりごま…大さじ2
しょうが…適量
うす口しょうゆ…大さじ1
酢…小さじ2
みりん…少々
塩…適量

E 78kcal

❶ 水・昆布の湯炊き汁・砂糖・塩をあわせて煮汁を作る。

❷ ①に実えんどうを入れ、中火で沸騰して5分ほど煮てから水で溶いた葛粉を加え、どろりとした状態に仕上げる。熱いうちにいただく。

えんどう豆の葛寄せ

豆の甘みと旨みを味わうためにも、
かならず熱いうちに召し上がってください。

材料（4人分）

ゆがいた実えんどう…200g

水…150cc
昆布の湯炊き汁…大さじ1
砂糖…大さじ3
塩…小さじ1
葛粉（またはかたくり粉）…大さじ2/3

E 87kcal

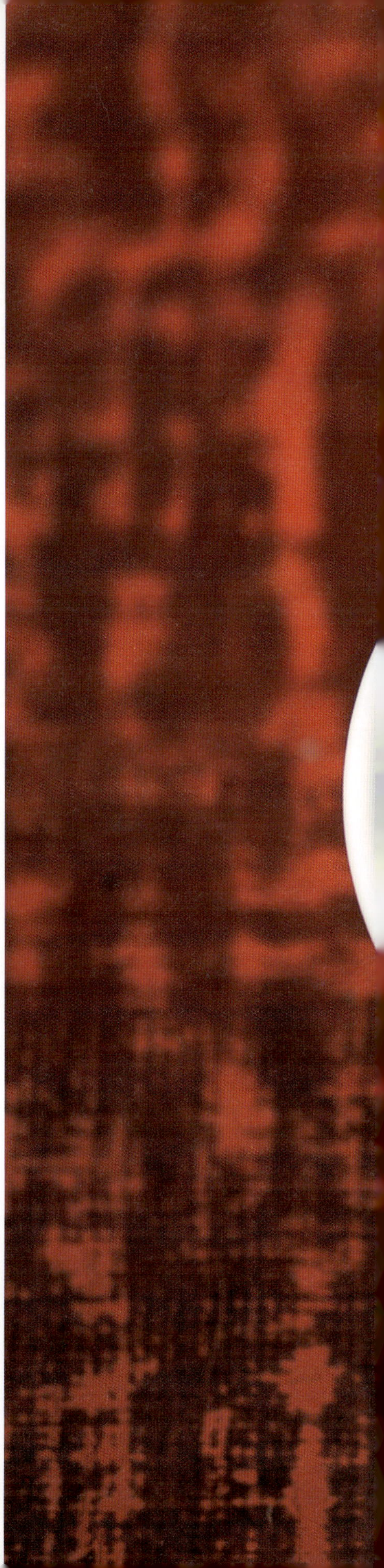

たたきわらびの酢の物

わらびをはじめとして
山菜のアク抜きは面倒ですが、
春を味わうためには必要なひと手間です。

アスパラの松の実和え

焦げない程度にから煎りした松の実を使うと、
ごま和えとはまたちがった
香ばしさ、コクが生まれます。

しじみ豆腐

まるでしじみの佃煮にみえる
もどき料理。
ごはんの供にもお酒の肴にもなります。

たたきわらびの酢の物

❶ わらびは3〜4cmに切ってすり鉢に入れ、すりこぎですりつぶさないようにたたいてつぶす。

❷ うす口しょうゆ・砂糖・酢・酒で好みの三杯酢をつくる。

❸ ①と②を混ぜ合わせ、器に盛る。

材料（4人分）
- ゆがいたわらび…150g
- うす口しょうゆ…大さじ2
- 砂糖…大さじ1
- 酢…少々
- 酒…少々

E 22kcal

アスパラの松の実和え

❶ アスパラは塩ひとつまみを加えた熱湯でゆがいて水にさらし、食べやすい大きさに切る。

❷ 松の実をフライパンでから炒りしてすり鉢で半つぶしにして、うす口しょうゆ・みりんを加え、和え衣を調える。

❸ ①と②を和えて器に盛り、松の実2〜3個をかざる。

材料（4人分）
- アスパラガス…100g
- 松の実…30g
- うす口しょうゆ…大さじ1
- みりん…適量

E 62kcal

しじみ豆腐

❶ もめん豆腐をふきんに包み、かるく重しをして水気を切り、手でくずしてサラダ油をひいた鍋に入れ、箸でかきまぜながらしじみの大きさになるまでから炒りする。

❷ 揚げ油を中温に熱し、①を少しずついれ、こがね色になるまで素揚げする。

❸ しょうがは、千切りかみじん切りにする。

❹ 濃口しょうゆ・酒・昆布の湯炊き汁・みりんで煮汁を調え、②と③を入れてしぐれ煮にする。

材料（4人分）
- もめん豆腐…500g
- しょうが…適量
- 濃口しょうゆ…大さじ3
- 酒…大さじ5
- 昆布の湯炊き汁…大さじ2
- みりん…大さじ2
- 揚げ油…適量
- サラダ油…適量

E 180kcal

ほうれん草の炒り豆腐したし

あっさりしたほうれん草のおしたしも、
炒った豆腐が加わることで
ボリュームとコクのある一品に。

❶ ほうれん草は塩少々を入れた熱湯でゆがき、冷水にさらしてアク抜きし、長さ3㎝ほどに切る。

❷ いりごまをすり鉢ですり、うす口しょうゆ・みりんを加える。

❸ もめん豆腐はふきんでかたく絞って細かくくだき、フライパンに油を熱して炒りながら②を加えて味を調える。

❹ ③が冷めたら①と和え、器に盛る。

材料（4人分）
- ほうれん草…200g
- もめん豆腐…250g
- いりごま…大さじ1
- うす口しょうゆ…大さじ1 ½
- みりん…大さじ1
- サラダ油…大さじ1

E 110kcal

新じゃがのそぼろ煮

新じゃがは2度揚げするのがポイント。
ホクホク、シャリシャリの食感がたのしめます。

❶ 新じゃがを洗い、水気を切って皮付きのまま低温の揚げ油で中まで火を通して一度上げ、高温に熱した揚げ油でこんがりと揚げる。

❷ しいたけの石づきをそいで、軸は薄く輪切りに、かさは千切りにする。

❸ もめん豆腐をふきんでかたく絞り、フライパンにサラダ油を熱して豆腐をほぐし入れ、箸でまぜながらパラパラになるまで炒る。

❹ 昆布の湯炊き汁をうす口しょうゆ・砂糖・みりんで味を調えて①②③を加えて弱火で20分ほど煮て、水でといた葛粉を加えてとろみをつけ、器に盛り、いりごまを手でひねってちらす。

材料（4人分）

小粒の新じゃが…400g
生しいたけ…4枚
もめん豆腐…250g
黒いりごま…適量

昆布の湯炊き汁…400cc
うす口しょうゆ…大さじ1
砂糖…大さじ1
葛粉…10g
みりん…少々
サラダ油…適量
揚げ油…適量

E 202kcal

長芋豆腐のとろろかけ

むずかしそうに見えてじつは簡単。
栄養満点でやさしい味わいです。

❶ 長芋の皮をむき、10分ほど水にさらしてアク抜きし、1/3は5㎜角の乱切りにし、残りはすりおろして大さじ2を取りおく。

❷ 寒天を昆布の湯炊き汁でもどし、弱火にかけ、まぜながら1分ほど沸騰させる。

❸ ②に豆乳・牛乳・うす口しょうゆ・塩とすりおろした長芋を少しずつ入れてよくかき混ぜながらひと煮立ちさせ、乱切りにした長芋を混ぜ合わせて流し型に入れる。

❹ ③が常温になったら冷蔵庫で1時間ほど冷やし固め、型からはずして食べやすい大きさに切る。

❺ オクラは塩を加えた熱湯でゆがき、縦に切って種をとり、細かくみじん切りにしてすり鉢ですり、取りおいた長芋と塩を加えて④にかける。

材料（4人分）

長芋…300g
オクラ…2本

豆乳…100cc
牛乳…50cc
昆布の湯炊き汁…100cc
うす口しょうゆ…小さじ1

塩…小さじ1
粉寒天…4g
E 67kcal

長芋のたたき　二種

そのまま食べてもおいしいですが、
ごはんやうどん、そばなどに
かけてもおいしいです。

❶ 長芋の皮をむき、10分ほど水にさらしてアク抜きしたあと乱切りにし、ビニール袋に入れてすりこぎでたたき、半つぶしにする。

❷ 梅干を細かく刻む。

❸ 板のりを火であぶってもみほぐし、塩・酢で合わせ酢を作る。

❹ 練りわさびを水で溶いておく。

❺ ①に②を和え、①に③と④を和えてうす口しょうゆをかけて器に盛る。

材料（4人分）

長芋…900g
大きい梅干…5個
板のり…1枚半
練りわさび…小さじ1
酢…大さじ1
塩…小さじ1
水…小さじ1
うす口しょうゆ…適量

E 48kcal

さくら豆腐

春の香りたっぷりのおもてなし料理。手間がかかるように見えますが、意外と簡単です。

❶ もめん豆腐はふきんでかたく絞り、桜花は塩をふるい落として水にさらし、塩抜きしてからガクを取り除いて花びらを粗くきざむ。

❷ ①の豆腐をすり鉢ですり、皮をむいた大和芋をおろし入れ、砂糖・塩を加えて味を調え、桜花を混ぜて流し型に入れる。

❸ 強火の蒸し器で15分ほど蒸して冷まし、型をはずして好みの大きさに切りわける。

材料（4人分）

もめん豆腐…500g
大和芋…20g
桜花の塩漬け…30g
塩（桜花の塩漬けのもの）…小さじ1/4
砂糖…少々
E 98kcal

よもぎの草だんご

黒みつを手づくりするときは水100ccに黒砂糖50g、三温糖50gを中火で煮とかし、沸騰したら弱火でとろみが出るまで煮詰めて冷まします。

❶
沸騰した湯に塩ひとつまみを加えてよもぎを手早くゆで、水にさらしてアク抜きをし、かたくしぼってからごくこまかく刻む。

❷
よもぎ粉は80度以上の湯に5分ほど漬けたあと、軽くしぼる。

❸
白玉粉に①と②を入れ、少しずつ水を加えながら耳たぶくらいの硬さになるまでよく練り合わせてひと口大のだんごをつくる。

❹
③を沸騰する湯に入れて、浮き上がってきたら2～3分煮て、水で冷まして盛り付け、黒みつときな粉を添える。

材料（4人分）

よもぎの若芽…適量
よもぎ粉…5g
白玉粉…200g
水…150cc
塩…少々
黒みつ…適量
きな粉…適量

E 223kcal

東林院の沙羅双樹

私がおあずかりしている東林院は沙羅《さら》双樹《そうじゅ》の寺として知られ、本堂前庭には十数本の沙羅双樹（夏椿）が植わっています。六月の中旬になると花をつけはじめ、苔の緑の上に次々と白い花を落としていきます。

普段は一般に公開をしていない東林院ですが、毎年六月一五日から三〇日にかけては「沙羅の花を愛でる会」を開いてたくさんの方に花を観ていただきます。沙羅双樹の花の命は短く、朝に開いた花が夜には落ちてしまいます。平家物語の冒頭の一節「祇園精舎の鐘の声、諸行無常の響きあり。沙羅双樹の花の色、盛者必衰の理をあらわす」はそうした沙羅双樹のはかなさをあらわしたものです。

毎年花開く沙羅双樹は、折々の旬を大切にすること、自然のいとなみや恵みに感謝すること、材料の本分を生かしきることなど、精進料理においてもさまざまなことを教えてくれているようです。

夏

豆腐
なす
きゅうり
ずいき
オクラ
長芋
枝豆
とうがん
トマト
かぼちゃ

夏は食が細くなりがち。調理の基本である
五法（生・煮る・焼く・蒸す・揚げる）
五味（しょうゆ・塩・砂糖・酢・辛味）
五色（青・黄・赤・白・黒）
を上手に組み合わせて材料を生かしきり
食欲増進をはかることが大切です。

雷豆腐

豆腐をすり鉢でするとき、
ゴロゴロと音がするところから、
雷豆腐と名づけられました。
名前とはうらはらの、やさしい味わいです。

❶ もめん豆腐を5分ほどゆで、ふきんでかたくしぼってすり鉢でする。

❷ ごぼうはささがきにして水にさらし、アク抜きをする。にんじんはささがきに、三度豆は斜め切りにする。干ししいたけは石づきを落としてかさは千切り、軸は薄く輪切りにする。おの実はから煎りする。

❸ ごま油を熱してごぼうを炒め、しんなりしたらにんじん、干ししいたけを入れてさらに軽く炒め、三度豆、昆布の湯炊き汁、うす口しょうゆ、砂糖を加え、弱火で5分煮る。

❹ もめん豆腐を加えて強火で汁気がなくなるまで炒り煮して、おの実を入れて炒りあげる。

材料（4人分）

もめん豆腐…500g
にんじん…30g
ごぼう…30g
三度豆…15g
干ししいたけ…15g
おの実…大さじ1
昆布の湯炊き汁…50cc
うす口しょうゆ…大さじ1/2
砂糖…大さじ1
ごま油…少々
E 147kcal

はす豆腐

白さを保つため、
れんこんは皮をむいたあとすぐに水にさらします。
和菓子のようにも見えるたのしいひと皿です。

❶ もめん豆腐をふきんでかたくしぼってすり鉢でする。

❷ れんこんの皮をむき、水にさらしてアク抜きしたあとすりおろし、①とよくすり混ぜる。

❸ ②を4等分し、ふきんでしぼり包みにして形をととのえ、口をしっかり結ぶ。

❹ ③を水から10分ほど煮て、冷ます。

❺ 赤味噌、ねりごま、砂糖をよく混ぜ合わせる。

❻ 器に④を盛り、⑤を添えて一味とうがらしを振る

材料（4人分）

もめん豆腐…250g
れんこん…250g

赤味噌…50g
ねりごま…大さじ2
砂糖…大さじ1/2
一味とうがらし…少々

E 108kcal

岩石豆腐

ほのかに豆腐の香りもする、
いかにも涼やかな夏のお菓子。
とても簡単でヘルシーなので、
ぜひおためしください。

❶ 絹ごし豆腐は食べやすい大きさに切るか、手でくずして流し缶に入れる。

❷ 寒天を少量の水で溶かしてから分量の水で煮溶かし、沸騰直前に①の流し缶にしずかに流し込んで水につけて冷ます。

❸ 黒砂糖に水を加えて煮溶かし、とろみがつくまで煮詰める。冷やしておく。

❹ ②を好みの大きさに切り、器に盛って③をかける。

材料（4人分）

絹ごし豆腐…250 g

粉寒天…2g
水…250cc

黒蜜
- 黒砂糖…60g
- 水…120cc

E 98kcal

しぎ焼きなすのごま汁

赤味噌のほのかな苦味が夏に向きます。
枝豆のあざやかな緑もうつくしい一品です。

❶ なすのヘタをとって縦に三つ切りにする。

❷ フライパンにサラダ油を熱してなすを入れ、すばやく返しながらしんなりするまで両面を焼く。

❸ 枝豆は塩ひとつまみ（分量外）を入れた熱湯でゆで、ザルにあげてそのまま冷まし、実のうす皮もとっておく。

❹ 味噌と湯炊き汁で濃い目の味噌汁をつくり、②を入れてあたためてからたっぷりの汁とともに器に盛る。

❺ 枝豆を添え、いりごまをふる。

材料（4人分）

なす…4個
枝豆…適量
サラダ油…大さじ5
赤味噌…50g
しいたけの湯炊き汁…150cc
昆布の湯炊き汁…150cc
いりごま…大さじ1/2
E 232kcal

なすの揚げびたし

旬のなすは皮もやわらかく、
油との相性もばつぐん。
大根おろしとお汁であっさりといただきます。

❶ なすのヘタをとり、厚さ1cmほどの縦に切る。

❷ 湯炊き汁・うす口しょうゆ・みりんを合わせてひと煮立ちさせる。

❸ 大根をすりおろし、ねぎは小口切りにする。

❹ ①を中温の油で素揚げし、よく油を切って熱々を器に盛り、大根とねぎを添え、②の汁を注ぎ、いりごまを散らす。

材料（4人分）

なす…4個
大根…200g
ねぎ…30g
いりごま…少々

しいたけの湯炊き汁…80cc
昆布の湯炊き汁…80cc
うす口しょうゆ…大さじ1 ½
みりん…大さじ1/2
揚げ油…適量
E 167kcal

焼きなすの寒天寄せ

なす料理の定番、焼きなすをさらにひと工夫。
見た目にも涼やかで、
食欲のない夏でもおいしくいただけます。

❶ なすのヘタをとって縦に4～5本の切り込みを入れて塩少々をすり込む。

❷ ①を焼あみで全体に焼色がつき、しわがよってくるまで強火で焼き、皮をむいて水にさらし、冷めたら流し缶にならべる。

❸ 昆布の湯炊き汁、酒、みりん、うす口しょうゆをひと煮立ちさせ、大さじ3の水で溶いた寒天を加え、②の流し缶に加える。

❹ ③のあら熱がとれたら冷蔵庫で冷やし固め、好みの大きさに切り分けておろしたしょうがを添える。

材料（4人分）
- なす…2個
- しょうが…適量
- 寒天…4g
- 昆布の湯炊き汁…400cc
- 酒…大さじ1
- みりん…大さじ1
- うす口しょうゆ…大さじ1½
- 塩…少々

E 33kcal

たたきゅうりの彩り漬け

名前の通り、彩りもあざやかな即席漬け。きゅうりの歯ごたえとごま油の香りが魅力です。夏の常備菜として。

きゅうりのごま酢和え

歯ごたえのあるきゅうり、香ばしい油揚げ、ほのかに甘いしいたけがとけあった、滋味深い和え物。簡単なので、もう一品というときに。

そうめんのとろろきゅうりかけ

そうめんを長芋といっしょにつるりと。ぱりぱりしたきゅうり、しゃきしゃきしたキャベツ、大葉の香りがさわやかです。

たたききゅうりの彩り漬け

❶ きゅうりはまな板の上で塩をふり、板ずりをしてすりこぎで軽くたたきつぶし、長さ3〜4cmの輪切りにする。
❷ にんじんは長さ3〜4cmの千切りにしてゆで、水切りする。
❸ しょうがを千切りにして10分ほど水にさらしてアク抜きをし、水切りする。
❹ ごま油、うす口しょうゆ、砂糖、酢をあわせて漬け汁をつくる。
❺ ①②③と輪切りにしたタカの爪を④に加え、時々かきまぜながら一時間ほど漬け込む。

材料（4人分）
- きゅうり…400g
- にんじん…40g
- しょうが…20g
- タカの爪…1/2本
- ごま油…大さじ2
- うす口しょうゆ…大さじ2
- 砂糖…大さじ1
- 酢…大さじ1
- 塩…少々

E 94kcal

きゅうりのごま酢和え

❶ きゅうりは薄い輪切りにして塩を振って混ぜ、10分ほどおいてからサッと洗って軽くしぼる。
❷ 油揚げを焼き網でこんがりと焼き、3cmほどに切る。
❸ しいたけの傘は細切り、軸は薄く輪切りにする。
❹ 酢・うす口しょうゆ・酒・砂糖で油揚げとしいたけをひと煮立ちするまで煮てから冷ます。
❺ いりごまをすり鉢でよくすり、きゅうりに④を煮汁ごと加えて和える。

材料（4人分）
- きゅうり…300g
- 油揚げ…30g
- 湯炊きしたしいたけ…3枚
- いりごま…大さじ2
- 酢…大さじ1
- うす口しょうゆ…大さじ1
- 酒…大さじ1
- 砂糖…小さじ1
- 塩…少々

E 92kcal

そうめんのとろろきゅうりかけ

❶ きゅうりは3cmほどを残してすりおろし、ざるにあげて自然に水切りする。
❷ 長芋の皮をむき、すりおろしてきゅうりとよく混ぜる。
❸ 残したきゅうりとキャベツ、大葉をごく細切りにして水にさらす。
❹ そうめんをゆで、水洗いして盛り付け直前に水切りする。
❺ 酢・昆布の戻し汁・うす口しょうゆ・みりんを合わせ、②と混ぜて器に敷いてそうめんを盛り、水気を切った③を飾る。

材料（4人分）
- そうめん…2束
- きゅうり…300g
- 長芋…30g
- キャベツ…1枚
- 大葉…2枚
- 酢…大さじ1
- 昆布の戻し汁…大さじ1
- うす口しょうゆ…大さじ1
- みりん…大さじ1

E 122kcal

紅ずいきと枝豆の甘酢和え

ゆがいたずいきは20分ほど流水にさらしてアクを抜きます。
歯ごたえときれいな色を生かすためにも、ゆがきすぎに注意しましょう。

❶ 紅ずいきの皮をむいて長さ3〜4cmに切り、たっぷりの湯で2〜3分ゆがいて手でしぼる。

❷ 昆布の湯炊き汁、酢、砂糖、塩、酒をあわせて好みの甘酢をつくる。

❸ ごま油を熱し、①と千切りにしたしょうがを軽く炒め、②を加える。

❹ ③の歯ごたえと色目を保つため、別の器にうつして手早く冷ます。

❺ 冷めた④にうす皮をとった枝豆を混ぜ、彩りよく盛り付ける。

材料（4人分）

紅ずいき…200g
ゆがいた枝豆の実…50g
しょうが…10 g

ごま油…大さじ1
昆布の湯炊き汁…30cc
酢…大さじ1
砂糖…大さじ1
塩…少々
酒…少々
E 63kcal

ずいきと生姜のごま味噌和え

夏のずいきは皮をむく必要がありません。
肌の弱い人は、手とずいきを
水にぬらしておくとかぶれが緩和されます。

❶ ずいきは長さ2〜3cmに切り、ゆでて手でしぼる。

❷ 白味噌にすりごま、みりんを加えてごま味噌をつくる。

❸ ②に①と千切りにしたしょうがをあえて盛り付ける。

材料（4人分）
ずいき…200g
しょうが…10g
すりごま…大さじ1
白味噌…大さじ3
みりん…少々
E 53kcal

たたきオクラと長芋の酢の物

オクラと長芋は出会い物。
栄養価も高く、
あっさりつるりといただけますし、
酒の肴にもなります。

材料（4人分）

オクラ…100g
長芋…200g
酢…大さじ3
砂糖…大さじ1
塩…少々
酒…少々
E 56kcal

❶ オクラは塩ひとつまみを入れた湯で色よくゆで、流水にとって冷まし、薄く輪切りにしてすり鉢で半つぶしにする。

❷ 長芋の皮をむき、長さ4cm、幅1cmほどの薄い短冊に切り、15分ほど水にさらしてアク抜きをする。

❸ 酢、砂糖、塩、酒をあわせて好みの合わせ酢をつくる。

❹ ①に③をあわせて軽く混ぜ、しっかり水切りをして器に盛った長芋の上にかけてよく冷やす。

冷やしうどんの青とろかけ

長芋のとろとろ、
オクラのねばねばが夏バテに効果的。
夏の盛りのお昼にどうぞ。

❶ 昆布としいたけの戻し汁、うす口しょうゆ、みりんでかけ汁をととのえ、冷蔵庫で冷やしておく。

❷ オクラは塩をひとつまみいれた熱湯でゆで、縦半分に切ってヘタとたねを取り、細かくみじん切りにしてすり鉢ですりつぶす。

❸ 長芋の皮をむき、10分ほど水にさらしてからすりおろし、②と合わせて塩で好みに味付けする。

❹ うどんは好みの硬さにゆで、水洗いして冷水で冷やす。

❺ うどんを水切りして器に盛り、①の汁を張り、③をかける。

材料（4人分）

うどん…100g
長芋…100g
オクラ…4本

昆布の戻し汁…150cc
しいたけの戻し汁…50cc
うす口しょうゆ…大さじ1

みりん…適量
塩…適量
E 112kcal

枝豆の板焼き

いつもの枝豆にひと手間。レモン塩はまとめて
作っておくと、揚げ物などに活用できます。
色づかないように弱火で炒るのがポイントです。

❶ 塩にレモン汁をしぼり入れレモンの皮少々をすりおろして加え、弱火でかき混ぜながらさらさらになるまで炒りあげてレモン塩をつくる。

❷ 枝豆を塩ゆでし、実を取り出してうす皮をとる。

❸ 小麦粉を昆布の湯炊き汁でといて衣をつくり、枝豆をからめる。

❹ フライパンにサラダ油を熱し、③を大さじ1ほどの量にして順次落としいれ、厚さ1cmほどの平らになるようにして両面をこんがり色づくほどに焼き上げる。

❺ ④を器に盛り、レモン塩をそえる。

材料（4人分）

枝豆…250g

塩…大さじ1/2
レモン…1/2個

昆布の湯炊き汁…適量
小麦粉…大さじ2
サラダ油…適量
E 85kcal

とうがんの味噌でんがく

とうがんの皮はうすくむき、淡い緑の色を生かします。
とうがんの淡い風味を味付け味噌が引き締めます。

❶ とうがんの種とワタをとり、ひと口大に切り、皮をうすくむく。

❷ 米のとぎ汁に塩ひとつまみを入れた熱湯で①をゆで、竹ぐしがすっと通るくらいになれば冷水にとり、ざるにあげて水を切る。

❸ 赤の味付け味噌、白の味付け味噌、それぞれの材料を火にかけ、しゃもじでよく混ぜながら表面がぐつぐつおどるまで5分ほど練りあげる。

❹ とうがんをレンジなどでよくあたため、赤と白それぞれの味付け味噌をかけ、赤には白ごま、白には黒ごまをちらす。

材料（4人分）

とうがん…1kg

白と黒のすりごま…各少々

赤の味付け味噌（つくりやすい量）

- 赤味噌…300g
- しいたけの湯炊き汁…大さじ4
- 砂糖…150g
- みりん…大さじ2

白の味付け味噌（つくりやすい量）

- 白味噌…300g
- 昆布の湯炊き汁…大さじ2
- 砂糖…100g
- みりん…大さじ2

E 250kcal

とうがんのカレーあんかけ

食欲のないときなどは、スパイスの香りが効きます。カレー粉の分量はお好みで調整してください。

❶ とうがんの種とワタをとり、皮をむいて3cmほどの乱切りにする。米のとぎ汁に塩ひとつまみを入れた熱湯にとうがんを入れ、竹ぐしがすっと通るくらいまでゆでる。

❷ しめじはほぐして2～3cmに切り、赤ピーマンは種をとって5cm角に切る。そら豆は①の湯でさっとゆでて1cmほどに切る。

❸ もめん豆腐をふきんでしぼり、フライパンにサラダ油を熱してほぐし入れ、箸でまぜながら弱火でパラパラになるまで炒り、②とAを加えて炒りあげる。

❹ Bを火にかけて味をととのえ、大さじ2ほどの水でといたカレー粉と葛粉でとろみをつけ、①と③を加えて軽く煮て、汁ごと盛りつける。

材料（4人分）

- とうがん…500g
- もめん豆腐…250g
- しめじ…100g
- 赤ピーマン…1個
- そら豆…2本
- A
  - うす口しょうゆ…小さじ1
  - みりん…小さじ1
- B
  - 昆布の湯炊き汁…200cc
  - しいたけの湯炊き汁…200cc
  - うす口しょうゆ…大さじ1
  - 酒…大さじ1
- カレー粉…小さじ3
- 葛粉…30g
- サラダ油…大さじ1

E 146kcal

オクラとトマトと厚揚げの葛とじ

オクラの緑、トマトの赤、
厚揚げの黄色の彩りがあざやか。
器もよく冷やしておくと
よりおいしくいただけます。

❶ トマトと厚揚げはひと口大の乱切りにし、オクラは飾り用に一本残して乱切りにする。

❷ ごま油を熱して①のオクラを炒め、しんなりしたら昆布の湯炊き汁、トマト、厚揚げを加え、軽く混ぜながら弱火で7～8分火を通す。

❸ ②を塩、こしょうで味をととのえ、小さじ1の水でといた葛粉を加えてとろみをつけ、冷やす。

❹ ③を器に盛り、小口切りしたオクラを飾る。

材料（4人分）

オクラ…50g	ごま油…大さじ1	こしょう…少々
トマト…200g	昆布の湯炊き汁…100cc	葛粉…小さじ1
厚揚げ…2枚	塩…少々	E 133kcal

かぼちゃのごま味噌和え

素揚げしたかぼちゃと
ごまの香ばしさが引き立つひと品。
赤味噌を白味噌にかえることもできます。

❶ かぼちゃは小さめのひと口大に切り、中温の油で素揚げして中まで火を通す。

❷ 黒ごまをすり鉢ですり、赤味噌、みりん、酒をくわえてのばす。

❸ 油を切った①を②で和えて盛り付け、いりごまをたっぷり散らす。

材料（4人分）
- かぼちゃ…300g
- 黒ごま…大さじ2
- 赤味噌…大さじ1
- みりん…大さじ1
- 酒…少々
- いりごま…少々
- 揚げ油…適量

E 170kcal

蒸しかぼちゃの五目あんかけ

多少手間はかかりますが、おもてなし料理の主役になります。切り分けた断面は、まるで洋菓子のようで、歓声があがります。

❶ かぼちゃは軸を上にして横に3対7の割合で切り分け、3はふたとして使用するのでとっておく。

❷ かぼちゃの種とワタをスプーンで取り出し、水200ccに塩小さじ1の割合の塩水に30分ほどまるごとつけておく。

❸ 戻した干ししいたけ、にんじん、ごぼう、そら豆、きくらげは小さく切り、うす口しょうゆで濃い目に下煮し、さましてから汁気を切る。

❹ もめん豆腐をふきんでしぼり、③と合わせる。

❺ ②のかぼちゃの水を切り、ふきんを敷いた蒸し器にいれて15分蒸し、④を詰め、①のふたと一緒に10分ほど蒸す。

❻ Aをあわせてひと煮立ちさせ、同量の水でといた葛粉を加えて葛あんをつくる。

❼ ⑤を器に盛り、葛あんをかける。

材料（4人分）

かぼちゃ（直径15cmくらいのもの）…1個
もめん豆腐…250g
干ししいたけ…3枚
にんじん…30g
ごぼう…30g
そら豆…3本
きくらげ（水でもどす）…少々
うす口しょうゆ…大さじ2
A
- 昆布の湯炊き汁…150cc
- しいたけの戻し汁…150cc
- うす口しょうゆ…大さじ2

葛粉…20g
E 160kcal

万能調味料・味噌

精進料理では調味料として味噌をよく使います。ここでは大根やなすのでんがくなどをはじめ、さまざまな料理につかえる味付け味噌をご紹介します。多めにつくっておくといろいろと応用がきくので便利です。

白の味付け味噌に、木の芽・からし・すりごま・柚子などをまぜあわせれば、それぞれ木の芽味噌・からし味噌・ごま味噌・柚子味噌になります。

赤の味付け味噌はそのままでんがく味噌として使用するほか、粉山椒・七味とうがらし・すりごま・おろししょうが、柚子、ピーナッツクリームなどをまぜあわせてもまたちがった風味がたのしめます。

味付け味噌

材料（つくりやすい分量）

味噌…300g
しいたけの湯炊き汁…大さじ４
砂糖…150g
（赤味噌の場合の分量。味噌によって調整する）
みりん…大さじ２

全材料を鍋に入れ、木ベラでよくまぜながら、弱火で表面がグツグツおどるまで５分ほど練り上げる。

※白味噌でつくるものが白の味付け味噌、
赤味噌でつくるものが赤の味付け味噌です

本書では味付け味噌の応用として

- ふきと厚揚げのごま味噌炒め煮（13頁）
- 里芋の柚子味噌和え（72頁）
- かぶらの味噌でんがく（88頁）
- だいこんのねぎ味噌でんがく（98頁）
- 大根のごま味噌煮（102頁）
- 干し大根の京味噌仕立て（103頁）

などをご紹介しています。

秋

小松菜
ぎんなん
れんこん
みつ葉
りんご
さつま芋
里芋
しめじ
豆腐

秋の冒頭でご紹介しているけんちん汁は
もともと野菜の切れ端を集めてつくる
いわば廃物利用料理。
そこには材料を無駄なくつかい切る
精進料理の知恵と工夫がつまっています。
ありあわせの野菜を利用してください。

けんちん汁

野菜の切れ端などを利用することから生まれた料理。
一度にたくさん作ったほうがおいしく、
小分けにして冷凍保存も可能です。

❶ 大根・ごぼう・里芋は皮をむき、にんじん、干ししいたけとともに食べやすい大きさに切る。

❷ ごま油を熱してごぼうを香りが出るまで炒め、大根、にんじん、しいたけ、里芋の順に加えて炒める。

❸ 水を加えて約20分煮てうす口しょうゆを加え、さらに約10分煮て味をととのえる。

❹ 食べる直前に手でくずした豆腐を入れてお椀に盛り、あれば軸みつ葉のみじん切りを散らす。

材料（4人分）

大根…100 g
にんじん…20 g
ごぼう…20 g
里芋…50 g
干ししいたけ…小2枚(戻しておく)
もめん豆腐…1/4丁
水…700cc
うす口しょうゆ…大さじ1 ½
ごま油…大さじ1
軸みつ葉…適量
E 73kcal

小松菜の炒め和え

秋が深まるにつれておいしさが増す小松菜。
簡単にできてお財布にもやさしい一品です。

❶ 小松菜は5cm長さに切り、油揚げは2cm幅に切る。

❷ ごま油を熱して小松菜を軽く炒め、油揚げを加える。

❸ しんなりしてきたら小松菜からでた水を捨て、みりん・うす口しょうゆ・しょうがを加えて手早くまぜて炒めあげる。

材料（4人分）

小松菜…2把	ごま油大さじ…2
油揚げ…1枚	うす口しょうゆ…大さじ1
すりしょうが…少々	みりん…大さじ1
	E 97kcal

きのこにゅうめん

きのこは持ち味を生かすため
洗わずにつかいたいところ。
旬のきのこをつかって
アレンジもできます。

❶ しいたけは軸を取ってそぎ切りにし、軸は食べやすい大きさに切る。しめじは石づきを取ってほぐし、えのき茸は根元を取って2つほどに切る。

❷ 湯炊き汁、うす口しょうゆ、酒、酢、みりんをあわせて①を入れ、ひと煮立ちさせ、塩で味をととのえて水溶きかたくり粉でとろみをつける。

❸ そうめんをゆでて水切りして器に盛り、②を注ぎ、ごく細く千切りにしたしょうがを添える。

材料（4人分）

そうめん…2把	昆布の湯炊き汁…400cc	みりん…大さじ1/2
生しいたけ…5枚	うす口しょうゆ…1・1/2	塩…適量
しめじ…100 g	酒…大さじ1	かたくり粉…大さじ1
えのき茸…100 g	酢…大さじ1/2	E 129kcal
しょうが…適量		

れんこん蒸し

れんこんの白い部分をつかい、
しゃくしゃくとした食感を残して仕上げます。

❶ れんこんは皮をむき、酢水にさらしてアク抜きをし、すりおろしてざるにとって軽く水気を絞って4(a)対3(b)に分け、(a)に塩少々を入れる。

❷ しいたけを十文字に切ってしょうゆで下味をつけ、ぎんなんはゆがいて薄皮を取り、葛粉を水でといて薄めのとき葛を作っておく。

❸ (b)に塩少々と小麦粉大さじ1を入れてよく混ぜ、八つ切りにした板のりに8等分してのせ、きつね色に揚げる。

❹ 器に③としいたけを入れ、(a)のれんこん、とき葛を入れて10分ほど蒸す。

❺ 蒸しあがったらぎんなんをちらしてわさびを添える。

材料（4人分）

れんこん…350 g
生しいたけ…4枚
ぎんなん…12個
板のり…1枚
小麦粉…大さじ1
塩…少々
うす口しょうゆ…少々
葛粉…少々
練りわさび…少々
揚げ油…適量
E 109kcal

れんこんのすり揚げ

れんこんの変色した部分もこの料理なら問題なし。
無駄なく合理的であるのが精進料理です。

❶ れんこんは皮をむき、酢水につけてアク抜きをし、すりおろして軽く水気を絞る。

❷ ①に小麦粉を加えて混ぜ合わせ、四等分して丸く平らにして中温で黄金色に揚げる。

❸ ほうれん草は色よくゆがいて5cm長さに切り、しめじは石づきを取って食べやすい大きさにさく。

❹ 鍋に水を入れ、沸騰したらしめじを加え、湯炊き汁、うす口しょうゆで味をととのえ、②を加える。

❺ 再度沸騰する直前に火を止め、汁ごと器に盛り、ほうれん草をあしらい、千切りにした柚子皮を添える。

材料（4人分）

れんこん…400 g
ほうれん草…100 g
しめじ…100 g
柚子の皮…適量
水…250cc
昆布の湯炊き汁…大さじ2
うす口しょうゆ
…大さじ1½
小麦粉…大さじ4
みりん・揚げ油
…各適量
E 160kcal

ぎんなんの磯香焼き

のりの香りも香ばしい、
秋のおつまみにぴったりの一品。
ぜひ焼きたてを。

のり蒸し

のりに包まれたゆり根、ぎんなん、
むかご、きくらげの歯ざわりも
たのしい料理。秋の香りもたっぷりです。

みつ葉ののり酢和え

のりが残ったら作ってみたい一品。
サッと簡単にできて、
おつまみにもなります。

ぎんなんの磯香焼き

❶ ぎんなんの殻を取り、うす皮をむく。(40度くらいの熱めのお湯のなかでむくとむきやすい)

❷ ①をビニール袋に入れ、すりこぎなどで細かくたたいて四等分する。

❸ 板のりを四等分に切り分ける。

❹ ②をのりの大きさにのばして貼りつけ、サラダ油を熱したフライパンで焼く。

❺ 焼きあがる前に、濃口しょうゆに七味とうがらしを加えたつけしょうゆをハケなどで塗る。

❻ 焼きあがったらまな板の上でのり巻きのように巻き、輪切りにする。

材料(4人分)
- ぎんなん…200 g
- 板のり…1枚
- 濃口しょうゆ…大さじ1
- 七味とうがらし…少々
- サラダ油…大さじ1

E 101kcal

のり蒸し

❶ ゆり根をきれいにしてゆがき、ぎんなんはゆがいてうす皮をとる。

❷ むかごをゆがき、きくらげを水でもどして千切りにする。

❸ 「れんこんのすり揚げ」(64頁参照)の要領で材料を四等分してれんこん揚げをつくる。

❹ 湯炊き汁、しょうゆ、酒、みりんをあわせてだしをつくる。

❺ 板のりで①②③の各具を包み、器に入れ、だしを加えて10分ほど蒸し、蒸しあがったらみつ葉を飾る。

材料(4人分)
- ゆり根…8個
- ぎんなん…8個
- むかご…8個
- れんこん…50 g
- 板のり…4枚
- きくらげ…少々
- みつ葉…少々
- 小麦粉…大さじ1
- 昆布または しいたけの湯炊き汁…500cc
- うす口しょうゆ…大さじ1/2
- 酒…大さじ1
- みりん…大さじ1

E 212kcal

みつ葉ののり酢和え

❶ みつ葉は塩ひとつまみを入れた熱湯でゆがいて冷水にとり、2~3㎝長さに切って水切りする。

❷ 水、うす口しょうゆ、酢、砂糖をあわせ三杯酢をつくり、①を和える。

❸ 手でもみほぐしたのりを混ぜ合わせて器に盛り、わさびを添える。

材料(4人分)
- みつ葉…200 g
- 板のり…1/2枚
- 水…大さじ5
- うす口しょうゆ…大さじ1/2
- 酢…大さじ1
- 砂糖…大さじ2
- わさび…適量

E 33kcal

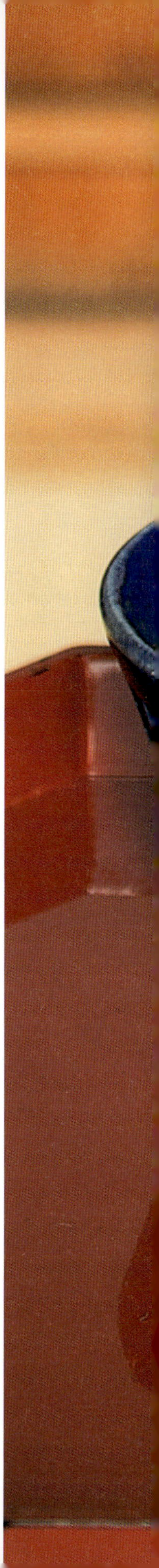

りんごとさつま芋のみぞれ煮（写真左）

りんごの酸味とさつま芋の甘みがとけあったおやつ。
キッチンにも甘い香りがただよいます。

❶ さつま芋を皮つきのまま厚さ１cmほどの輪切りにし、10分ほど水にさらしてアク抜きをする。

❷ ①の水をかえ、軽くゆでて水切りをする。

❸ りんごの皮をむき、すりおろす。

❹ バターを熱して②を炒め、③と水、砂糖、塩を加え、軽くかきまぜながら弱火で10分ほど煮る。

❺ そのまま冷まして盛り付ける。

材料（4 人分）
- りんご…1 個
- さつま芋…300 g
- バター…10 g
- 水…200cc
- 砂糖…大さじ 3
- 塩…小さじ 1・1/2

E 177kcal

さつま芋のあめ炊き（写真右）

あたたかいままでも、冷たくしてもおいしい。
冷めると砂糖がかたまってパリパリの食感になります。

❶ さつま芋は皮つきのまま厚さ２cmの輪切りにし、10分ほど水にさらしてアク抜きをする。

❷ 鍋にさつま芋を入れ、ひたひたの水を入れて弱火にかける。

❸ さつま芋が少し煮えたところ、煮汁が少なくなったところ、などで砂糖を少しずつ加えていき、最後に煮汁が糸を引くようになったら残りの砂糖を加え、カラメル状に色づくまで煮詰める。砂糖を数回に分けて入れると味がよくしみ、煮くずれもしにくくなる。

材料（4 人分）
- さつま芋…500 g
- 砂糖…200 g

E 357kcal

芋皮のきんぴら

さつま芋の皮と内側の間２～３㎜のところに筋があり、その筋にそって厚く皮をむきます。

❶ 芋皮を千切りにして10分ほど水にさらしてアク抜きをする。

❷ ごま油を熱して①を炒め、しんなりしたら、輪切りにしたタカの爪、しいたけの湯炊き汁、濃口しょうゆ、砂糖、みりんを加え、汁気がなくなるまで煮詰める。

材料（4人分）
- ほかの料理をして出たさつまいもの皮…100 g
- しいたけの湯炊き汁…大さじ1
- 砂糖…小さじ1
- 濃口しょうゆ…大さじ2
- ごま油…大さじ1
- タカの爪…少々
- みりん…少々

E 73kcal

里芋まんじゅうの揚げだし

里芋の皮をむくときに
かゆみが気になる場合は、
手に少量のサラダ油をぬっておくと大丈夫。

❶ 里芋は米のとぎ汁で半ゆでし、よく洗って湯炊き汁、うす口しょうゆ、酒、みりんでやわらかくなるまで煮て冷まし、ざるで汁切りをする。煮汁は残しておく。

❷ ①をすりこ木でつぶして四等分にする。

❸ ぎんなんはゆがいてうす皮を取り、ゆり根は一口大に切ってゆがき、栗は4～5等分に切る。

❹ ③を②で丸めてかたくり粉を薄くまぶし、中温の油でこんがりと揚げる。

❺ しめじは石づきを取り、ほうれん草は一口大に切って、①の煮汁でさっと煮る。

❻ 器に④を盛り、⑤を汁ごと盛ってわさびを添える。

材料（4人分）

里芋…400 g
ぎんなん…12個
ゆり根…4片
栗…4個
しめじ…100 g
ほうれん草…適量

昆布の湯炊き汁…250cc
しいたけの湯炊き汁…250cc
うす口しょうゆ…大さじ1/2
酒…大さじ1
みりん…大さじ1
かたくり粉…適量

揚げ油…適量
練りわさび…適量
E 289kcal

里芋の柚子味噌和え

柚子味噌はたくさんつくっておくと
ふろふき大根やこんにゃくの田楽などにも
利用できて便利です。

材料（4人分）

- 里芋…400 g
- 柚子の皮…少々
- 水…200cc
- うす口しょうゆ…大さじ1
- みりん…大さじ1
- 塩…適量
- 柚子味噌
  - 白味噌…50 g
  - 砂糖…大さじ1
  - 昆布の湯炊き汁…大さじ1
  - 酒…少々
  - 柚子の皮…適量

E 102kcal

❶ 里芋の皮をむいて一口大に切り、塩水で軽くゆでて水洗いし、ぬめりをとる。

❷ ①に水、しょうゆ、みりんを加えて、弱火で煮、汁ごと冷まして味を含ませる。

❸ 味噌、砂糖、湯炊き汁、酒を鍋に入れ、弱火でかき混ぜながらグツグツおどるまで約5分練り、柚子の皮をすりおろして柚子味噌をつくる。

❹ 汁を切った②を器に盛り、③をかけ、千切りにした柚子の皮を盛る。

しめじの酒蒸しとろろ

シンプルだけどしみじみと味わい深い一品。
旬のしめじのおいしさがじゅうぶんに味わえます。

❶ しめじは石づきをとってほぐす。

❷ 長芋の皮をむき、10分ほど水にさらしてアクを抜き、すりおろしてとろろを作る。

❸ なべにしめじをいれて酒、水を加え、ふたをして中火で2分ほど蒸し、蒸しあがる直前にしょうゆを加える。

❹ ③を汁ごと器に盛り、②をかけ、一味とうがらしで彩りをそえる。

材料（4人分）

しめじ…400 g
長芋…200 g

酒…100cc
水…大さじ1
うす口しょうゆ…大さじ1 ½
一味とうがらし…適量

E 82kcal

しめじの煮びたし

しめじ、菊菜、菊花、すだち、それぞれの香りが一体となり、秋の風情がたっぷり。

❶ しめじは石づきを取ってほぐし、水、うす口しょうゆ、塩で下煮して汁ごと冷ます。

❷ 菊花はさっとゆがいて水にさらして水切りし、春菊もゆでてアク抜きして一口大に切る。

❸ 1と2をあわせて味をととのえ、温めて器に盛り、すだちの輪切りを添える。

材料（4人分）

しめじ…200 g
菊花…4個
春菊…100 g

水…150cc
うす口しょうゆ…大さじ1
塩…少々
すだち…適量

E 23kcal

豆腐ステーキ

かためのもめん豆腐をつかって
ていねいに水切りすれば、
だれでもかんたんにつくることができます。

❶ 豆腐を十文字に切り、それぞれを三等分してふきんかクッキングペーパーに包んで水切りをする。

❷ しょうがをすりおろし、濃口しょうゆ、湯炊き汁、みりんをあわせてかけ汁をつくっておく。

❸ フライパンに油を熱し、豆腐を入れ、両面をこんがり焼き、②をかけて味を含ませて器に盛る。

材料（4人分）
もめん豆腐…1丁
しょうが…ひとかけ
濃口しょうゆ…大さじ2
昆布の湯炊き汁…大さじ1
しいたけの湯炊き汁…大さじ1
みりん…大さじ1
サラダ油…適量
E 144kcal

ひりょうずの含め煮

このぜんまいのほか、
しいたけ、干し大根なども
ひりょうず（がんもどき）と含め煮にするとおいしい。

❶ ぜんまいは約5cm長さに切り、ほうれん草はさっとゆでて水にさらし、水切りして5cm長さに切る。

❷ 水、湯炊き汁、うす口しょうゆ、砂糖、酒をあわせ、ひりょうずを入れて弱火で10分ほど炊く。

❸ ②に①を入れて2〜3分煮て冷まし、盛り付ける。

材料（4人分）
- ひりょうず…4個
- 乾燥ぜんまい（水でもどしたもの）…100 g
- ほうれん草…60 g
- 水…500cc
- 昆布の湯炊き汁…大さじ2
- うす口しょうゆ…大さじ2・1/2
- 砂糖…大さじ4
- 酒…少々

E 265kcal

五目入りぎせい豆腐

少し手間はかかりますが、見た目もはなやかで
おいしいおもてなし料理。
季節によって中の具を変えることもできます。

❶ 豆腐をふきんかクッキングペーパーに包み、30分ほど重石をして水切りする。

❷ 大和芋の皮をむき、水に20分ほどさらしてアクを抜き、すりおろしてとろろを作る。

❸ にんじんの皮をむき、きくらげは水にもどしてそれぞれみじん切りにする。

❹ すり鉢で①と②をすり合わせ、砂糖、塩、みりんで少し甘めに味をととのえ、③と黒ごまを混ぜ合わせて流し缶に入れる。

❺ ④を蒸し器で20分ほど蒸し、よく冷ましてから縦半分に切る。

❻ フライパンに薄く油をしいて熱し、⑤の表面がこんがり色づくまで焼き、食べやすい大きさに切って盛り付ける。

材料（4人分）
- もめん豆腐…500g
- 大和芋…20 g
- にんじん…少々
- きくらげ…少々
- 黒ごま…小さじ1/2
- 砂糖…大さじ5
- 塩…小さじ1/2
- みりん…少々
- ごま油…少々

E 189kcal

豆腐のしのだ煮

豆腐、油揚げなど精進料理の定番素材を使ったおかず。
ボリュームたっぷりですが、あっさりといただけます。

❶ 豆腐はふきんで固くしぼり、しいたけ、にんじんはみじん切りにし、ねぎは小口切りにする。

❷ 大和芋の皮をむき、水に20分ほどさらしてアクを抜き、すりおろしてとろろを作る。

❸ ①と②をあわせ、塩、みりん大さじ2を加えてよくまぜる。

❹ 油揚げの一辺を開いて袋状にし、③を詰め、つまようじでとめる。

❺ 昆布の湯炊き汁、うす口しょうゆ、みりん大さじ3、砂糖をあわせて味を調え、ひと煮たちしたら④を入れ、弱火でときどきていねいに裏返しながら15分ほど煮る。

材料（4人分）

- もめん豆腐…500g
- 大和芋…50 g
- 生しいたけ…3枚
- にんじん…30 g
- ねぎ…30 g
- 油揚げ（すし用）…8枚
- 塩…小さじ1/2
- みりん…大さじ5
- 昆布の湯炊き汁…400cc
- うす口しょうゆ…大さじ2
- 砂糖…大さじ1
- E 405kcal

大根の利用法

寒さが厳しくなるにつれて甘みが増していく大根は、禅寺にとってなくてはならない野菜のひとつです。東林院では裏の畑でとれた大根を輪切りにして縁先に広げて日光にあて、干し大根をつくります。冬の乾燥した空気だと十日あまりで水分が抜けます。ご家庭でも手軽にできるので、ためしてみてください。

大根は部位により利用方法が異なりますが、葉先から根まで上手にあつかって無駄のないようにしたいものです。

葉の先の部分	若くて新しいものは油で炒め、味噌汁の具の青味として用います。また細かく切って炊き立てのご飯にまぜ込んで菜飯にしたり、佃煮にしたりしてもおいしいものです。
葉の軸の部分	小口切りにしてまぜご飯の具に、また和え物や煮物に利用します。
葉の芯の部分	葉元の小さな葉芯は形も美しく、そのまま汁の青味に利用できます。また、サラダや和え物の添え物にもぴったりです。
葉付きに近い部分	甘みがあるので大根おろしや、和え物、サラダ、酢の物など火を通さなくてもいただけます。もちろん薄味の煮物やおでんの具などにしてもおいしくいただけます。
根に近い部分	辛みがあるので、濃い目の味付けに向きます。味噌煮や味噌汁の具、沢庵漬けなどに利用します。
皮の部分	光沢のあるきれいな部分は栄養価も高く、そのまま生で食べることができます。また細切りにして味噌汁の具としたり、きんぴらや佃煮にしたりして残さずいただきます。

冬

かぶら
豆腐
九条ねぎ
白菜
りんご
ほうれん草
菊菜
大根
油揚げ
みず菜
七草
小豆

食材には労苦と自然の恩恵が詰まっています。
これを料理する資格があるのか自問自答し
与えられたからにはすべて生かしきる。
そうした反省と感謝の心がけを
厳しくもわかりやすく記したものが
禅寺で食事の前に唱える『食事五観文』です。

うずみ豆腐

芯から温まることのできる一品。
やさしい味なので、夜食にもぴったりです。

❶ 豆腐は、水切りしてうどんのように細長く切る。

❷ 水・昆布の湯炊き汁に、うす口しょうゆ・塩で吸い物よりすこし濃い目の味をつけ、水で溶いた葛粉を加えて葛引き仕立てのだし汁をつくる。

❸ ②に①を入れ、浮き上がってきたら汁とともに器に入れ、湯で洗ってぬめりをとったご飯を加え、のりを散らす。

材料（4人分）

豆腐…1丁
ご飯…200 g
きざみのり…少々

水…400cc
昆布の湯炊き汁…200cc
うす口しょうゆ…大さじ3・1/2
葛粉…大さじ1
塩…少々

E 194kcal

豆腐のかぶら蒸し

冬は蒸しものがうれしい。
豆腐を油で素揚げすることで
コクが生まれます。熱々をどうぞ。

❶ もめん豆腐を4等分に切り、クッキングペーパーで水気をとり、中温の揚げ油で黄金色になるまで素揚げする。

❷ かぶらの皮を厚くむいてすりおろし、ザルにあけて自然に水切りをする。

❸ ①を器に盛り、②をかけて、強火の蒸し器で10分ほど蒸す。かぶらの水分が出てきたら、とりのぞく。

❹ 昆布としいたけの湯炊き汁、水にうす口しょうゆを加えて味を調え、水で溶いた葛粉を加えてあんを作り、③の上にかけ、板のりと練りわさびを添える。

材料（4人分）

もめん豆腐…1丁	昆布の湯炊き汁…200cc	葛粉…大さじ1
かぶら…400g	しいたけの湯炊き汁…200cc	揚げ油…適量
板のり…少々	水…50cc	E 178kcal
練りわさび…少々	うす口しょうゆ…大さじ3	

かぶらの五目あんかけ

寒さが増すにつれ味わいを増すかぶら。旬の根菜たっぷりで栄養も満点です。

❶ かぶらの上下を切り落として皮をむき、ゆでて器に盛る。葉は残しておく。

❷ 豆腐はふきんにつつんで水気をしぼり、サラダ油を熱して豆腐を細かくほぐし入れ、箸でまぜながらパラパラになるまで炒る。

❸ ごぼう、にんじんは半月切りにし、大根はいちょう切りにする。干ししいたけは水でもどして細切りにする。①のかぶらの葉は細かくきざむ。

❹ 鍋に油を熱して③を炒め、昆布の湯炊き汁、うす口しょうゆ、みりんを加えて5分ほど煮る。

❺ 鍋に②を加えて葛粉を同量の水で溶いたものを加えてとろみをつける。

❻ ①のかぶらに⑤をかけ、すりおろしたしょうがをそえる。

材料（4人分）

かぶら…4個
もめん豆腐…300g
ごぼう…20g
にんじん…20 g
大根…20g
干ししいたけ…2枚
しょうが…適量
昆布の湯炊き汁…カップ2
うす口しょうゆ…大さじ3
みりん…適量
サラダ油…少々
葛粉…10g
E 138kcal

かぶらの味噌でんがく

味付け味噌は多めにつくっておくと、大根やこんにゃくのでんがくなどにも応用できて重宝します。

かぶらの葉のからし味噌和え

旬のかぶらの葉は柔らかくて甘いもの。手早くできて無駄もありません。

小かぶの炒り炊き

かぶらの歯ごたえが残るくらい、葉の根元のほろ苦さが感じられるくらいにさっと炒めましょう。

かぶらの味噌でんがく

❶ かぶらの皮をむき、上3分下7分くらいのところを横に切り、下の7分の中身を、スプーンなどをつかってくりぬく。

❷ 鍋にだし昆布をしき、①を入れ、水から中火でやわらかくなるまでゆがく。

❸ 赤の味付け味噌の材料を火にかけ、弱火でよく混ぜながら約5分ほど、味噌がグツグツおどるまで練りあげる。

❹ ①の湯を切り、くりぬいたなかに③を詰め、器に盛り、千切りにした柚子の皮をのせる。

材料（4人分）
- かぶら…4個
- 柚子の皮…少々
- 赤の味付け味噌（作りやすい分量）
  - 赤味噌…300 g
  - しいたけの湯炊き汁…大さじ4
  - 砂糖…150 g
  - みりん…大さじ2
- だし昆布…適量

E 120kcal

かぶらの葉のからし味噌和え

❶ かぶらの葉は、塩ひとつまみを入れた熱湯でゆで、水にさらしてしぼり、1～2㎝の長さに切る。

❷ 油揚げは1～2㎝の長さの細切りにして、熱湯をかけ、油抜きする。

❸ 白味噌にみりんをまぜ、好みのからさになるようにからしを加えてから し味噌を作る。

❹ かぶらの葉と油揚げにからし味噌を和えて器に盛り、千切りにした柚子の皮をそえる。

材料（4人分）
- かぶらの葉…200g
- 油揚げ…30g
- 柚子の皮…少々
- 白味噌…30 g
- からし…少々
- みりん…少々

E 67kcal

小かぶの炒り炊き

❶ 小かぶは厚く皮をむき、葉を2～3㎝つけたまま縦に5㎜幅くらいに切り、さっと水にさらして水を切る。

❷ フライパンにごま油を熱し、①を入れ、3～4分ほど炒めてから、うす口しょうゆ、塩、みりんで味をととのえ、炒めすぎないように気をつけながら、さらに2～3分空炊きする。

材料（4人分）
- 小かぶ…400 g
- ごま油…大さじ2
- うす口しょうゆ…少々
- 塩…少々
- みりん…少々

E 80kcal

揚げ豆腐の蒸しあんかけ

あんかけも冬になると恋しくなります。
根菜、しょうがも添えて、芯から温まります。

❶ もめん豆腐を4等分して水切りし、かたくり粉（分量外）を軽くまぶして揚げ油で素揚げし、強火の蒸し器で10分ほど蒸す。

❷ 大根・にんじんはいちょう切り、ごぼうは輪切り、しいたけは細切り、きぬさやは斜め切りにする。

❸ 大根、にんじん、ごぼうをサラダ油で炒め、昆布としいたけの湯炊き汁、うす口しょうゆを加えて煮る。

❹ ③に火が通ったらきぬさやを加えて軽く火を通し、水溶きかたくり粉を加えてとろみをつける。

❺ ①の水分を捨てて器に盛り、④をかけて針しょうがを添える。

材料（4人分）

もめん豆腐…1丁
大根…100g
にんじん…20g
ごぼう…20g
生しいたけ…2枚
きぬさや…4枚
しょうが…少々
昆布の湯炊き汁…200cc
しいたけの湯炊き汁…200cc
うす口しょうゆ…大さじ1
かたくり粉…大さじ1
サラダ油・揚げ油…適量

E 210kcal

九条ねぎの炒り豆腐

九条ねぎも冬になるとおいしさが増します。
畑から採りたてならいっそう美味です。

❶ もめん豆腐をふきんでしぼって水気を切り、九条ねぎは5㎜の小口切り、油揚げは5㎜ほどの細切りにする。

❷ フライパンにサラダ油を熱し、①の豆腐を手でくずし入れながら炒め、九条ねぎと油揚げを加えてさらに炒め、うす口しょうゆ、みりんで味をととのえる。

❸ ②を器に盛り、いりごまをちらす。

材料（6人分）

もめん豆腐…1丁
九条ねぎ…3本
油揚げ…1枚
いりごま（黒）…適量
うす口しょうゆ…大さじ2
みりん…大さじ1
サラダ油…適量

E 163kcal

白菜のもみじ和え

甘酢につけて和えるのは食べる直前に。
時間がたつと味がうすまり、
色目も悪くなります。

❶ 白菜は長さ3㎝、幅5㎜くらいの千切りにし、塩少々をふりまぜて20分ほどおく。

❷ にんじんはすりおろし、塩ひとつまみを入れて鍋でから炒りし、水分をとばして酢・大さじ½に砂糖・大さじ½を加えた甘酢につける。

❸ いりごまを香りよく半ずりし、砂糖・大さじ½、酢・大さじ½を加えてごま酢をつくる。

❹ ①の白菜を軽くしぼって②とまぜ、塩で味をととのえて器に盛り、③をかける。

材料（4人分）

白菜の軸の部分…300g	砂糖…大さじ1
にんじん…100g	酢…大さじ1
いりごま…大さじ3	塩…少々
	E 71kcal

白菜巻き

寒くなるほど甘みが増す白菜。
甘い軸をもみじ和えに、
やわらかい葉は白菜巻きに。

❶

白菜はやぶれないようにさっとゆで、10枚は残して5枚を千切りにする。しいたけは千切り、にんじん・油揚げは2㎝の細切りにする。

❷

千切りにした白菜、しいたけ、にんじん、油揚げを昆布の湯炊き汁・うす口しょうゆで下味をつける。

❸

残した白菜のうち、5枚の根と葉を交互にかさねて広げ、②を棒状にまとめて白菜の上にのばし、残りの5枚の白菜をおなじように上から重ねて巻き、たこ糸でひらかないように2〜3ヶ所を結ぶ。

❹

③をバットにのせ、強火の蒸し器で20分ほど蒸し、輪切りにしてたこ糸をはずして器に盛り、②の汁の味をととのえて器にはる。

材料（4人分）

白菜の葉…15枚
生しいたけ…20g
にんじん…100g
油揚げ…30g
昆布の湯炊き汁…大さじ2
うす口しょうゆ…大さじ1½
E 96kcal

蒸しりんごとほうれん草のごま和え

いつものほうれん草のごま和えに、
蒸して甘みを増したりんごを加えました。
小さな子どもでも食べやすくなります。

❶ りんごを縦に8等分して芯をとり、5㎜ほどのいちょう切りにしてなべに入れ、水を加えて弱火で5分ほど蒸し煮し、そのまま冷ます。

❷ ほうれん草は、塩ひとつまみをいれた熱湯でゆがき、冷水にとって冷ましてから軽くしぼり、3㎝くらいの長さに切る。

❸ いりごまをすり鉢でよくすりつぶし、うす口しょうゆと①を汁ごと入れ、ほうれん草と和えて器に盛る。

材料（4人分）

りんご…1個

ほうれん草…200g

いりごま…大さじ2

水…大さじ1

うす口しょうゆ…大さじ2

E 71kcal

揚げ昆布とほうれん草のしたし

やわらかなほうれん草のしたしにパリッとした食感をプラス。
昆布の旨みで味に深みがでます。

❶ ほうれん草を、塩ひとつまみ入れた熱湯でゆがき、水にさらし、軽くしぼって4㎝ほどの長さに切る。

❷ 昆布を中温に熱した揚げ油でカリッとなるまで素揚げし、冷めてからすり鉢で細かくなるまで砕き、①を加え、うす口しょうゆ、みりんで味をととのえる。

材料（4人分）

ほうれん草…200 g
昆布の切り端または糸昆布…10 g
うす口しょうゆ…適量
みりん…適量
揚げ油…適量

E 22kcal

菊菜のみぞれ和え

冬の大根は甘みが強く、みぞれ和えにぴったり。
菊菜としめじでさっぱりといただきます。

❶ 菊菜は葉と茎に切り分け、葉は3㎝の長さに切り、茎は3㎝の斜め切りにして、塩ひとつまみを入れた熱湯で茎、葉の順にさっとゆがき、水にさらしてアク抜きをする。

❷ しめじは食べやすい大きさに裂き、ひたひたの熱湯でさっとゆがき、大根はすりおろしてザルにあけ、自然に水気をきる。

❸ 酢・昆布の湯炊き汁・うす口しょうゆ・塩少々をあわせて二杯酢をととのえ、水気を切った①と②を和える。

材料（4人分）

菊菜…200g
しめじ…100g
大根…150 g
酢…大さじ1
昆布の湯炊き汁…大さじ4
うす口しょうゆ…大さじ1
塩…少々

E 30kcal

炒めなます

大根とにんじんの割合いに注意。
にんじんが多すぎると
色目のバランスが悪くなります。

❶ 大根の皮をむいて長さ4cm・幅1cmの短冊に切り、塩（分量外）をふり混ぜて10分ほどおき、水洗いして軽く絞る。にんじんも大根とおなじ長さの短冊切りにしてゆがき、水切りする。昆布は長さ4cm・幅1cmの短冊に切り、油揚げもおなじ大きさに切りそろえる。

❷ 水・酢・砂糖・塩をまぜあわせて味をととのえ、和え酢をつくる。

❸ フライパンにごま油を熱し、大根・にんじんを炒め、油揚げ・昆布・②を加えて炒め和え、2〜3日漬け込む。器に盛りつけるときに、軸みつ葉、あられに切った柚子皮を混ぜると、色合い、香りが増す。

材料（4人分）

- 大根…200g
- にんじん…20 g
- 昆布（8×5cm）…1枚
- 油揚げ…30g
- 軸みつ葉…5g
- 柚子の皮…少々
- 水…100cc
- 酢…大さじ2
- 砂糖…大さじ2
- 塩…少々
- ごま油…大さじ1

E 100kcal

大根のねぎ味噌でんがく

あっさりした大根にねぎ味噌が旨みを加えます。
ねぎはたっぷり添えましょう。

❶ 大根の皮を厚くむき、4等分に輪切りにして面取りをする。

❷ 鍋に昆布を敷き、①を入れてひたひたに水を加えて中火にかけ、串が通る程度にかためにゆがく。

❸ ねぎ1本をみじん切りにして、味噌・みりんを加えてねぎ味噌を作る。残りのねぎは小口切りにする。

❹ 湯切りした②を器に盛り、ねぎ味噌をのせ、小口切りにしたねぎをちらして一味とうがらしをふる。

材料（4人分）

- 大根（太いもの）…長さ12cmほど
- 青ねぎ…2本
- 赤味噌…40 g
- 昆布（5cm角）…1枚
- みりん…適量
- 一味とうがらし…適量

E 62kcal

油揚げのみぞれ煮

手早くできるシンプルな一品。
それだけにいい大根と油揚げを
つかいたいところです。

大根の皮のきんぴら

大根に限らず、
根菜の皮はおいしいものです。
材料を残らず使い切るのが精進料理。

大根の葉の佃煮

大根を買うなら葉付のものを選びましょう。
この佃煮のほか、いろいろとたのしめます。

油揚げのみぞれ煮

❶ 油揚げは横に8等分し、熱湯にくぐらせて油抜きをする。

❷ 大根をすりおろしザルにあげ、自然に水切りをする。みつ葉は塩ひとつまみを加えた熱湯でさっとゆでて結ぶ。

❸ 水に昆布としいたけの湯炊き汁・うす口しょうゆ・みりんを加えて味をととのえ、①を加えて10分ほど弱火で煮、おろした大根を加えてみぞれのようになれば器に盛り、みつ葉をかざる。

材料（4人分）
- 油揚げ…1枚
- 大根…400g
- みつ葉…8本
- 水…200cc
- 昆布の湯炊き汁…100cc
- しいたけの湯炊き汁…100cc
- うす口しょうゆ…大さじ2
- みりん…少々

E 77kcal

大根の皮のきんぴら

❶ 大根の皮を長さ2～3㎝の千切りにして10分ほど水にさらし、アク抜きする。

❷ ごま油を熱して①を炒め、輪切りにしたタカの爪、濃口しょうゆ、みりんを加え、弱火で時々かきまぜながら汁気がなくなるまで煮る。

材料（4人分）
- 大根の皮…400g
- タカの爪…少々
- ごま油…大さじ2
- 濃口しょうゆ…大さじ3
- みりん…少々

E 88kcal

大根の葉の佃煮

❶ 大根の葉を細かくきざみ、10分ほど水にさらして青くささをとる。

❷ 油揚げを長さ3㎝、幅5㎜の短冊に切る。

❸ ごま油を熱して①②を炒め、輪切りにしたタカの爪、濃口しょうゆ、みりんを加え、弱火で時々かきまぜながら汁気がなくなるまで煮る。

材料（4人分）
- 大根の葉…200g
- 油揚げ…30g
- タカの爪…少々
- ごま油…大さじ1
- 濃口しょうゆ…大さじ1½
- みりん…少々

E 79kcal

大根のごま味噌煮

大ぶりに切った大根に
バターと味噌、ごまがからみ、
こっくりとしてボリューム感もたっぷり。

❶ 大根の皮をむき、4cm角ほどの乱切りにし、米のとぎ汁で下ゆでして、湯切りする。

❷ いりごまをすり鉢でよくすりつぶし、味噌・みりん・昆布の湯炊き汁・七味とうがらしを加えてのばし、味をととのえる。

❸ フライパンにバターを熱して①を炒め、②を加え、まぜながらとろみがつくまで煮込む。

❹ ③を器に盛り、煮汁をかけ、小口切りにしたねぎを盛る。

材料（4人分）

大根…600g
いりごま…大さじ4
ねぎ…2本

赤味噌…40g
バター…40g
昆布の湯炊き汁…200cc
みりん…適量
七味とうがらし…少々
E 191kcal

干し大根の京味噌仕立て

京都では冬になると白味噌をよくつかいます。
ふろふき大根はもちろん、
こうして干し大根にも。

❶ 干し大根は水で1時間ほどもどし、水・昆布としいたけの湯炊き汁・うす口しょうゆで10分ほど下煮する。

❷ 味付け味噌の材料を砂糖が完全にとけるまで練りまぜる。

❸ 温めた①を汁切りして器に盛り、②をかけ、練りからしを好みでのせる。

材料（4人分）

干し大根…40ｇ
水…100cc
昆布の湯炊き汁…50cc
しいたけの湯炊き汁…50cc
うす口しょうゆ…大さじ1
味付け味噌
- 白味噌…50ｇ
- 砂糖…大さじ1
- 昆布の湯炊き汁…大さじ1
- 酒…少々

練りからし…適量

E 76kcal

干し大根のいなり巻き

定番のいなり巻きも
干し大根をつかうと
またちがった食感、歯ごたえを
たのしむことができます。

❶ 干し大根は水で１時間ほどもどしてよく洗い、中火で30分ほどゆでる。ゆで汁は残しておく。

❷ 昆布を水にひたしてやわらかくしておく。

❸ しいたけの軸は小口切りに、かさは細切りにする。にんじんは千切りにする。

❹ 油揚げの上にすりこぎを２～３回ころがして中をはがし、長い１辺を残して３方を切り開き、横半分に切る。

❺ ④の油揚げの表と裏を分けて、それぞれを広げて干し大根を並べ、しいたけとにんじんを芯にして、のり巻きのように固く巻き、4箇所を昆布で結ぶ。このとき、あとで4等分に切り分けたときに昆布が中心になるように結んでおく。

❻ 干し大根の湯炊き汁・昆布の湯炊き汁に、うす口しょうゆ・砂糖・みりん・酒を加えて味をととのえ、一度煮立ててから⑤を加え、弱火で返しながら含め煮して、汁ごと冷ます。

❼ ⑥を4等分に切り分けて器に盛る。

材料（4人分）

干し大根…40 g
生しいたけ…50 g
油揚げ…2枚
にんじん…20 g
昆布（5mm × 18cm）…16本
干し大根の湯炊き汁…200cc
昆布の湯炊き汁…200cc
うす口しょうゆ…大さじ2
砂糖…大さじ3
みりん…小さじ1
酒…小さじ1
E 149kcal

みず菜のピーナッツクリームかけ

サッとゆでて
ピーナッツクリームをかけるだけ。
簡単で、野菜が苦手なかたでも
おいしくいただけます。

❶ みず菜は塩ひとつまみを入れた熱湯でさっとゆで、かるくしぼって4㎝くらいの長さに切る。

❷ ピーナッツクリームに砂糖・酢・塩をマヨネーズくらいのかたさになるように加えて味をととのえ、器に盛ったみず菜にかける。

材料（4人分）
みず菜（軸の部分）…200 g
ピーナッツクリーム…大さじ3
砂糖…大さじ2
酢…大さじ1/2
塩…少々
E 112kcal

みず菜のハリハリがゆ

みず菜を入れてからは
火を通しすぎないように。
ハリハリとした食感が身上です。

❶ みず菜は3㎝の長さに切り、油揚げは熱湯にさっとくぐらせて油抜きし、長さ3㎝、幅5㎜の短冊切りにする。

❷ 鍋に昆布としいたけの湯炊き汁と水を入れ、塩とうす口しょうゆで味をととのえてひと煮立ちさせ、①とご飯を加えて好みのおかゆに仕立て、再度味をととのえてから器に盛り、梅干をそえる。

材料（4人分）

みず菜…50 g
白ご飯…300g
油揚げ…30 g
梅干…適量

昆布の湯炊き汁…200cc
しいたけの湯炊き汁…200cc
水…300cc
塩…少々
うす口しょうゆ…少々

E 165kcal

七草がゆ

七草がそろわなくても大丈夫。
ごちそうが続くとこうしたおかゆが
身体に染みます。

❶ ご飯と水を鍋に入れて火にかけ、まぜながら塩を加えて好みのかゆにしたてる。

❷ 七草をみじん切りにし、餅は2つに切って熱湯につけ、やわらかくする。

❸ ①に②を加え、ひと煮立ちさせて器に盛る。

材料（4人分）
白ご飯…茶碗にかるく4膳
餅…4個
七草…各適量
水…1600cc
（または昆布の湯炊き汁…600cc、水…1000cc）
塩…適量
E 251kcal

※七草がそろわない場合は、なずな・すずな（唐菜）・すずしろ（大根）の葉でもよい。

◎七草：せり・なずな・ごぎょう・はこばら・ほとけのざ・すずな・すずしろ

小豆がゆ

小豆には解毒作用があり食物繊維も豊富。
東林院では毎年一月に
「小豆粥で初春を祝う会」をひらいています。

❶ 鍋に小豆とたっぷりの水を入れて中火にかけ、10分ほど煮てゆでこぼし、あらたに豆の約5倍量の水を入れ、小豆が割れないように弱火でやわらかくなるまでゆがく。煮汁はとっておく。

❷ 鍋にといだ米と水を入れ、小豆の煮汁を桜色になるまで加えてかゆを炊き、小豆をあたためながら加えて味をととのえる。このときにかきまぜないほうがよい。

❸ 餅を2つに切り、こんがり焼き目をつけて熱湯にひたし、やわらかくなったら②に加えて器に盛る。

材料（4人分）
小豆…80 g
米…100 g
餅…4個
小豆の煮汁…適量
水…適量
塩…適量
E 274kcal

だし汁について

精進料理ではだしをとるためだけに材料をつかうことはしません。材料をおいしく食べるために手を加えたときにできるものをだしとして利用するという考え方をします。ここではだしとして利用することの多い主なものをご紹介します。

昆布の湯炊き汁

❖一番だし

昆布巻や佃煮などをつくるとき、昆布を水に1時間ほどつけておいた汁。お吸い物など香りをたのしむ汁物に用います。

❖二番だし

昆布をやわらかくするため、水に1時間ほどつけたあと火にかけ、沸騰する直前に昆布をひきあげた汁。汁物や煮物など幅広く利用できます。

❖三番だし

水につけておいた昆布を、二番だしよりさらに火にかけ、昆布に味付けするまえの、こはく色になった汁。佃煮や濃口の煮物に利用します。

しいたけの湯炊き汁

干ししいたけをもどすときの汁を利用します。昆布の湯炊き汁と同様に、干ししいたけを水につけておいた汁が一番だし。沸騰直前まで火にかけた汁を二番だし。干ししいたけを味付けするまえまで火にかけたものが三番だしで、利用法も昆布の湯炊き汁に準じます。

大豆の湯炊き汁

大豆を炊いた汁には甘みがあり、こんがりと炒った大豆に熱湯をかけた汁はこうばしく、それぞれうま味と深みのあるだしとなります。麺類のだしに向いています。

にんじん、大根、白菜などの野菜の湯炊き汁

野菜を炊いたときの汁をそれぞれ少量ずつまぜることで、味がとけあったおいしいだしとなります。味噌汁や濃口の煮物などに利用します。

お米のだし

禅寺では湯桶《ゆとう》といってお米を炊いたあと、鍋の底についたおこげに塩少々と熱湯をそそぎ、お茶代わりにします。同様に、おこげに熱湯をかけた汁はこうばしくてまろやかなだしとなり、葛引きや他のだしとまぜて利用します。

妙心寺　東林院

臨済宗大本山妙心寺の広大な境内の奥に、山名豊国が中興開基し、弘治２年（１５５８）に開創された塔頭の東林院があります。非公開寺院なのでふだんはひっそりとしていますが、年に３回、一般に公開の機会があり、その折は多くの参拝客でにぎわいます。

小豆粥で初春を祝う会

●1月15日～31日

１０８頁でご紹介している小豆粥のお膳をいただけます。初春に身体を清める小豆粥で、一年の無事をいのります。

沙羅の花を愛でる会

●6月15日～30日

34頁でご紹介したとおり、東林院は沙羅双樹の寺として知られ、その見事な花のすがたをたのしみにしている人でにぎわいます。

梵燈のあかりに親しむ会

●10月上旬～中旬（夜間特別拝観）

秋の日が暮れると、境内に梵燈のあかりがともります。虫の声と水琴窟の音がながれる中、ろうそくのあかりにつつまれた幻想的な世界がひろがります。

※いずれも開催日時、拝観料等はお問い合わせください

東林院では、精進料理のこころを広めるために毎週火曜日と金曜日の10時～13時に精進料理教室（要予約）が開かれており、全国から熱心な方々がおとずれます。

※詳細はお問い合わせください

宿坊として東林院に泊まることもできます。静かにすごすことができ、住職てづくりの精進料理が味わえるのが魅力です。

一泊朝食付５、０００円

一泊二食付６、０００円

（いずれも税別）

チェックイン15時～（門限21時）

チェックアウト10時

※電話で確認の上、往復はがきで宿泊申込み

妙心寺　東林院

〒616-8035

京都市右京区花園妙心寺町59

電話　075-463-1334

西川玄房（にしかわ　げんぼう）

妙心寺東林院住職。1939年岐阜県に生まれる。高校時代に龍安寺に弟子入りし、花園大学中退後、岐阜の瑞龍寺専門道場で修行。その間老師に仕えて精進料理を学ぶ。1966年東林院副住職、1984年住職に就任。以降、著作やテレビ出演、自坊での精進料理教室を通じて精進料理とその精神の普及につとめる。著書に『キッチンでつくる精進料理』『精進料理でつくるデザートおやつ』（共に淡交社）など多数。

こころもからだもきれいになる

やさしい精進料理

平成27年11月19日　初版発行

著　者　西川玄房
発行者　納屋嘉人
発行所　株式会社　淡交社
本社　〒603-8588　京都市北区堀川通鞍馬口上ル
営業　(075) 432-5151
編集　(075) 432-5161
支社　〒162-0061　東京都新宿区市谷柳町39-1
営業　(03) 5269-7941
編集　(03) 5269-1691
http://www.tankosha.co.jp
印刷·製本　泰和印刷株式会社

ⓒ 2015 西川玄房　Printed in Japan
ISBN978-4-473-04055-8

落丁・乱丁本がございましたら、小社「出版営業部」宛にお送りください。
送料小社負担にてお取り替えいたします。
本書の無断複写は、著作権法上での例外を除き、禁じられています。